AF554821

RÉPONSE

DE M. JOLLIVET,

Délégué de la Martinique,

Aux attaques du journal le Globe.

PARIS.

IMPRIMERIE DE COSSE ET G.-LAGUIONIE,

Rue Christine, 2.

1842

RÉPONSE

DE M. JOLLIVET,

DÉLÉGUÉ DE LA MARTINIQUE,

Aux attaques du journal le Globe.

M. Th. Lechevalier a été le rédacteur en chef d'un journal qui a porté successivement le titre d'*Outre-Mer*, *Gazette des Deux-Mondes* et *Globe*.

Malgré des antécédents fâcheux, malgré son libelle de 1831 contre les colons et la société coloniale, M. Th. Lechevalier a, quand il l'a voulu, défendu les colonies avec zèle et talent.

C'est une justice que je lui ai rendue avant d'être délégué et depuis que je suis délégué.

Dans ma lettre du 3 septembre 1840, que M. Th. Lechevalier a publiée récemment, j'avais pris l'engagement de soutenir *le Globe*, et M. Th. Lechevalier sait mieux que personne si cet engagement a été largement tenu. Je croyais bien faire; je croyais que *le Globe* était appelé à nous rendre des services.

Je crois encore à l'utilité d'un journal colonial.

Un journal subordonnant sa politique générale à la politique et aux intérêts des colonies; soutenant le ministère quand il est favorable, l'attaquant quand il est hostile aux colonies; recevant la direction des conseils coloniaux et des délégués, fût devenu dans leurs mains une puissance avec laquelle tout ministère aurait eu à compter.

Le journal colonial tel que je le comprenais, devait s'abstenir de toute attaque contre les membres des deux chambres et les journaux amis des colonies, quelle que fût d'ailleurs leur politique.

Il devait reproduire les adresses et les délibérations des conseils coloniaux, sur les grandes questions d'organisation économique et sociale, et populariser dans la métropole une cause qui y sera gagnée le jour où elle y sera connue.

Les colonies vont juger si *le Globe* a rempli les conditions qu'elles avaient droit d'imposer, suivant moi, au journal colonial.

Le Globe était peu répandu dans la métropole.

Il se trouvait aux abois, lorsque M. Th. Lechevalier revint d'un voyage des Antilles, à la fin d'août 1841.

M. Lepelletier Duclary, président du conseil colonial de la Martinique, était à Paris.... J'étais en Bretagne. M. Lepelletier Duclary, d'accord avec les délégués de la Guadeloupe, MM. le comte de Chazelles, Desmirail, et M. Favard, délégué de la Guyane, prirent avec M. Th. Lechevalier des arrangements, afin de reconstituer *le Globe*.

J'écrivis à M. Lepelletier Duclary, les 2 et 19 septembre, que j'approuvais ces arrangements.

M. Th. Lechevalier était rédacteur en chef aux appointements de 12,000 fr.

M. Granier de Cassagnac, rédacteur en second, aux appointements de 7,500 fr., non-compris ses feuilletons qui lui étaient payés à part.

M. Lepelletier Duclary paya au *Globe*, en septembre, conformément au vote du conseil colonial de la Martique, 16,000 fr.

Le 15 décembre, la délégation de la Guadeloupe a payé 10,500

La délégation de la Martinique, 10,500

La délégation de la Guyane, 1,500

Conformément au traité du 15 septembre 1841. Depuis cette époque, quoique le traité n'existât plus, les diverses délégations ont payé bénévolement au *Globe* :

La Guadeloupe, 9,500

La Martinique, 21,000

La Guyane, 3,500

Total. 75,500 fr.

M. Th. Lechevalier a donné ses quittances.

Le ministre de la marine vient d'ordonnancer au profit du *Globe*, par décision du 12 août, une somme de 33,195 fr., à savoir : 16,494 fr. sur les fonds votés par le conseil colonial de la Guadeloupe, et 16,701 fr. sur les fonds votés par le conseil colonial de la Martinique.

Total des sommes reçues depuis septembre 1841 jusqu'au mois d'août 1842, c'est-à-dire dans l'espace de onze mois, 105,695 fr.

Voici ce que les colonies ont fait pour *le Globe*.

Voyons ce que *le Globe* a fait pour les colonies.

A la fin de l'année dernière, *le Globe* les a défendues convenablement, sans toutefois donner à sa défense toute l'étendue qu'il aurait pu lui donner, et que les délégués lui ont en vain demandée.

Dès les premiers mois de cette année, *le Globe* s'est relâché, et n'a plus parlé des colonies qu'à de rares intervalles.

Mes collègues et moi nous nous en sommes plaints souvent; mais il n'a tenu aucun compte de nos plaintes.

M. Th. Lechevalier, qui avait défendu le ministère Thiers, dans *l'Outre Mer* et la *Gazette des Deux-Mondes*, a cru qu'il y avait profit à défendre dans *le Globe* le ministère *Guizot.*

Je ne connais pas, je ne dois pas connaître les arrangements que *le Globe* a pris avec le ministère.

Je crois, je veux croire qu'il n'en a pris aucun; et que *le Globe*, qui, tous les jours se rit des journaux *vertueux* et *indépendants*, a donné et non vendu à M. Guizot, sa vertu et son indépendance.

Mais je ne puis m'empêcher de remarquer que *le Globe* aurait pratiqué une vertu, la générosité, aux dépens d'une autre vertu, la justice, et qu'en défendant *gratuitement* le ministère, il a négligé la défense des Colonies, qui lui était libéralement *payée.*

Que *le Globe* a attaqué les hommes politiques et les journaux amis des Colonies, pour peu qu'ils ne fussent pas agréables au ministère.

Que les hommes politiques, par cela seul qu'ils étaient ministériels, ont été prônés dans *le Globe*, quoiqu'ils eussent toujours été hostiles aux colonies.

Je vais fournir quelques exemples à l'appui de mes assertions.

Les délégués ont souvent demandé au *Globe*, de publier les adresses de leurs conseils coloniaux, l'analyse de leurs délibérations et de leurs votes, *le Globe* les a presque toujours refusés. J'ai plusieurs lettres de M. Th. Lechevalier, qui constatent ses refus.

Voici ma réponse à une de ses lettres en date du 13 mai :

Monsieur le Rédacteur,

« Je pense que vous pourriez fort bien insérer dans *le Globe*, sinon *in extenso*, du moins par fragments, les propositions de MM. Huc et Cicéron.

J'ajouterai à ce sujet, que *le Globe* devrait, suivant moi, donner des analyses substantielles des délibérations des conseils coloniaux, toutes les fois qu'elles traitent des intérêts généraux des colonies ; de l'émancipation ; des sucres ; de l'expropriation forcée ; de l'organisation et des actes de la magistrature ; des attributions financières des conseils, etc.

Vous trouveriez dans ces délibérations des arguments topiques qui, mis en relief par votre journal, éclairciraient l'opinion de la métropole, si ignorante de la société coloniale. Ce serait là une œuvre éminemment utile. Il est fâcheux que vous l'envisagiez comme une *charge*, comme un *bagage volumineux* ; mais enfin nous ne pouvons l'imposer qu'à notre journal *spécial*.

Le journal, dites-vous, en souffrira.

Oui, si nous étions déraisonnables ; mais nous vous avons assez prouvé que nous ne l'étions pas. Nous ne vous demandons pas les *procès-verbaux* des délibérations des conseils, mais de simples *analyses*, et ce n'est pas pousser trop loin l'exigence.

Veuillez agréer, etc.

A. JOLLIVET.

Tandis que *le Globe* trouvait que la défense coloniale était une *charge*, un *bagage volumineux*, il ouvrait ses colonnes gratuitement, cela va sans dire, à la défense des intérêts vinicoles, des éleveurs, de chevaux, des entrepreneurs de bâtiments, des bouchers, etc.

Chaque jour il consacrait plusieurs articles à chanter les louanges de M. Guizot.

De M. Guizot dont personne plus que moi ne respecte le caractère privé; mais qui, en sa qualité d'abolitioniste, de compagnon de M. Isambert, dans les clubs anglais, de champion de droit de visite, de promoteur de l'ajournement de la loi des sucres, a dû être surpris et ravi d'être le héros de MM. Lechevalier et Granier de Cassagnac, de lire son panégyrique quotidien dans *le Globe*, journal colonial, subventionné par les colonies.

Les colonies n'ont pas éprouvé le même contentement que M. Guizot. Plusieurs colons, s'en sont expliqués avec les rédacteurs du *Globe*.

Voici la réponse qu'ils ont obtenue :

« Vous n'entendez rien à la politique; laissez-nous faire; nous soutenons M. Guizot et son ministère, parce qu'il va vous donner la loi des sucres. »

Le ministère n'a point donné la loi des sucres, et *le Globe* a continué à soutenir M. Guizot avec un dévouement qu'on croirait fanatique, s'il était désintéressé.

Dans son numéro du 3 juin, il raille agréablement du conseil municipal de Saint-Pierre, qui s'était permis de trouver mauvais l'ajournement de la loi des sucres, sans égard pour son patron, M. Guizot; il interdit aux colonies mourantes, jusqu'à la plainte, et les gourmande d'avoir voté des adresses au roi, *ab irato!*

En ajournant la loi des sucres, le ministère commettait un déni de justice, violait les promesses les plus solennelles, signait l'arrêt de mort des colonies!

Ce jour-là j'ai rompu avec le ministère (1)! *Le Globe* a crié à la trahison, a écrit que *j'avais passé à l'ennemi avec armes et bagages.....*

Quand c'était lui qui désertait la cause coloniale.

Quand il faisait l'éloge de M. Guizot, l'abolitionniste; de M. le duc de Broglie, président de la commission des affaires coloniales (voir le numéro du 4 août); de M. Lacoudraie, directeur des fonds et de la caisse des invalides au ministère de la marine, de M. Lacoudraie, l'adversaire décidé des conseils coloniaux, l'auteur de la loi de juin 1841!

On ne le croirait pas, si je ne citais les textes.

Globe du 24 juin :

« Les nouvelles de Lorient annoncent que la candidature de M. Lacoudraie, directeur des fonds et de la caisse des invalides au ministère de la marine, a chaque jour de nouvelles chances de réussite. On calcule que l'influence de M. Lacoudraie et la confiance

(1) Une réunion de députés m'avait choisi avec MM. l'amiral Leray, Wustemberg, Ducos, Bignon, Billaut, comte Roger, Mermilliod, Dubois de la Loire-Inférieure, pour protester contre l'ajournement de la loi des sucres, et adjurer le ministère de présenter la loi. M. Guizot fut inflexible. J'eus personnellement avec lui une discussion des plus vives. *Le Globe* a oublié de m'en faire un crime; c'est un oubli que je lui signale, pour qu'il le répare à la première occasion.

que son administration probe et intelligente inspire à M. l'amiral Duperré, peuvent faire un sort meilleur à l'arrondissement maritime qu'il représenterait à la Chambre, avec autant de zèle et de chaleur qu'il en met à défendre les intérêts de la direction dont il est le chef au ministère de la marine. »

Globe du 7 juillet : Nouvelle réclame électorale en l'honneur de M. Lacoudraie, de l'administrateur loyal et intègre, au caractère honorable, à la capacité éprouvée, etc.

Globe du 9 juillet : 3e réclame électorale du même au même; réclame que le *Globe* fait suivre de l'extrait de la profession de foi de M. Lacoudraie que voici :

« *Représentation directe des colonies.*

C'est ce que la commission des affaires coloniales a proposé, etc. J'ajoute qu'à la session dernière, des projets de loi de finances non encore votés avaient été rédigés dans cette prévision. »

En appuyant la candidature de M. Lacoudraie, le *Globe* savait qu'il appuyait le principal auxiliaire de la commission des affaires coloniales, le partisan de la représentation directe, l'ennemi des conseils coloniaux, l'auteur des *projets de finances non encore votés*. Il appelait M. Lacoudraie à terminer son œuvre inachevée, à compléter la loi de juin 1841, à porter le dernier coup à la loi organique d'avril 1833, à la charte coloniale !

Le Globe, qui se mettait au service de M. Guizot, du duc de Broglie, de M. Lacoudraie, devait des injures aux journaux, aux députés amis des colonies.

Elles ne leur ont pas manqué. *Le Commerce*, la *Patrie*, le *Journal du Havre*, la *Gazette de France* et *la France*, sont devenus le but de ses attaques incessantes, moins parce qu'ils sont de l'opposition de gauche ou de l'opposition de droite, que parce qu'ils défendent les colonies.

Il se complaît à révoquer en doute leur désintéressement; les appelle ironiquement de *pudiques vestales;* fait planer sur ces journaux des soupçons qu'il sait n'être pas fondés, pour les dégoûter de nous défendre. (Voir notamment le numéro du 8 juin.)

Le Globe a injurié M. *Duvergier de Hauranne*, qui a défendu avec tant d'esprit et de raison l'amendement de M. Lacave-Laplagne; M. *Ducos*, le rapporteur de la loi des sucres en 1839, etc., etc.

M. Ducos s'était permis de proposer, et M. Guizot ne voulait pas, *que tout juré fût électeur*.

Tel était le crime de M. Ducos, crime funeste aux colonies, comme chacun sait, et qui a porté jusqu'au paroxysme la *vertueuse* indignation du *Journal colonial!*

Ces attaques, suivies d'une adjuration à la ville de Bordeaux de ne pas réélire M. Ducos, n'ont pas reçu l'approbation des délégués.

Ils ont pensé que M. Ducos, qui, dans toutes les circonstances, s'était montré notre ami; qui, dans un excellent rapport au conseil général du commerce, venait de demander l'interdiction de la fabrication du sucre indigène, avait droit à des égards, à des ménagements de la part du journal des colonies.

Je me suis permis d'en faire l'observation aux rédacteurs du *Globe;* et quoique je l'eusse présentée avec mesure, en termes bienveillants, ils n'en ont tenu aucun compte.

Quelques jours après, apparamment pour me punir de la liberté grande que j'avais prise, à l'occasion de M. Ducos, ils ont jugé à propos de m'attaquer moi-même.

Dans son numéro du 21 février, le *Globe* me félicitait ironiquement de m'être jeté dans les bras des journaux *indépendants*.

Ce qui était faux.

Je m'étais borné à écrire au *Commerce*, pour lui demander de réparer l'omission de mon nom sur la liste des députés qui avaient voté pour la proposition Ducos.

Le *Globe* faisait observer charitablement, qu'un hasard de l'alphabet m'avait placé sur cette liste, côte à côte avec M. Isambert.

Ce qui était faux.

MM. Jaubert, Jollan et Joly me préservant du côte à côte.

Il concluait de tout ceci qu'il y avait *incompatibilité entre les fonctions de député d'Ille-et-Vilaine et de délégué de la Martinique.*

Voici le secret de cette étrange sortie du journal des colonies contre un délégué des colonies.

Quelques jours auparavant, M. Th. Lechevalier m'avait prié d'approuver un mémoire d'abonnements à la Martinique pour la somme de 16,200 fr.

Mémoire dont il se proposait de demander le paiement au ministère de la marine, sur les fonds votés par le conseil colonial.

J'y avais consenti, mais en faisant observer à

M. Th. Lechevalier que M. Lepelletier Duclary lui ayant avancé ces 16,200 fr., il aurait à lui en tenir compte.

M. Th. Lechevalier ne trouva pas mon observation de son goût, et découvrit, à partir de ce jour, qu'il y avait *incompatibilité entre les fonctions de délégué de la Martinique et de député d'Ille-et-Vilaine.*

Dans son numéro du 8 avril, le *Globe* oubliant cette incompatibilité, s'apitoie sur le peu de chances de réélection qui me reste. Ajoutant que *n'étant plus député*, je servirais sans doute les colonies avec le même zèle, hors de la Chambre, mais *pas avec la même efficacité.* (Textuel.)

Dans le numéro du 6 avril, il nommait les délégués qui avaient été entendus par la commission de la chambre des Députés, chargée de l'examen du projet de loi relatif aux attributions financières des conseils coloniaux et avait soin d'omettre mon nom.

Il me forçait de réclamer contre cette omission calculée, et il insérait ma lettre dans son numéro du 7 avec un commentaire malveillant.

Dans son numéro du 8 juin, jugeant toujours qu'il y avait incompatibilité entre la députation et la délégation, il publiait *le premier* une prétendue liste des députés dont les comités électoraux signalaient la réélection comme *douteuse* ou fort *compromise*, et il avait soin de m'inscrire sur cette liste de sa création.

Dans son numéro du 27 juin, le *Journal colonial* parlait ainsi d'un délégué des colonies :

« A Rennes (*intrà* et *extrà muros*), M. Jollivet, présenté par MM. Thiers et Barrot, ne sera pas réélu. La majorité des électeurs conservateurs est résolue à voter contre lui, à cause de sa *désertion* et de son passage avec armes et bagages dans le camp de l'opposition. »

Le *Journal colonial*, qui avait prédit la non-réélection du délégué des colonies, a soutenu sa prédiction jusqu'au bout; et lorsque le ballottage s'établissait entre M. de Kerbertin et moi, il annonçait (Voir le numéro du 12 juillet), que le ballottage avait lieu entre MM. de Kerbertin et de Lorgeril; M. Jollivet n'ayant eu qu'un petit nombre de voix. »

C'est que j'avais malheureusement donné au *Globe* une nouvelle raison d'éprouver qu'un député métropolitain, connaissant la France et Paris, pouvait être, parfois, un délégué incommode.

Voici à quelle occasion :

M. Th. Lechevalier avait passé le 30 juin 1841 avec M. Northumb de Percin un marché d'après lequel il devait adresser 500 numéros de son journal à des membres des deux chambres, à des fonctionnaires et à des établissements publics, moyennant une allocation de 20,000 fr.

Il avait passé un traité semblable avec le questeur du conseil colonial de la Guadeloupe, moyennant une allocation de 20,000 fr.

M. Th. Lechevalier a prétendu que ces 40,000 fr. lui étaient acquis indépendamment des 105,695 fr. qu'il a reçus.

C'était une prétention très contestable.

En effet, M. Th. Lechevalier, dans une lettre qu'il m'a écrite le 26 janvier 1842, voulait bien reconnaître qu'il n'avait droit qu'à 100,000 fr., à savoir : 60,000 fr.

en vertu du traité du 15 septembre 1841 ; 40,000 fr. en vertu des traités passés antérieurement avec les questeurs des conseils coloniaux de la Martinique et de la Guadeloupe.

M. Th. Lechevalier ayant reçu	105,695 fr.
S'il eût reçu en outre	40,000
Total,	145,695 fr.

aurait eu 45,695 fr. de plus qu'il n'aurait dû avoir, d'après ses calculs mêmes (1).

Quoi qu'il en soit, je ne rejetai point péremptoirement la nouvelle prétention de M. Th. Lechevalier; mais je crus qu'il était de mon devoir de l'examiner.

Je me plaignis d'abord de ce qu'il avait omis de remplir une condition de son marché du 30 juin 1841, portant que : « les personnes auxquelles le journal devait être adressé, seraient *nominativement* désignées à M. Th. Lechevalier, soit par le questeur du conseil colonial, soit par les délégués ou l'un des délégués de la colonie. »

C'était une omission volontaire de M. Th. Lechevalier, un parti pris de méconnaître l'autorité, de se soustraire au contrôle des conseils coloniaux et de leurs délégués.

Le croirait-on, M. Th. Lechevalier refusa la simple communication de la liste qui aurait dû être soumise dès le principe à la délégation, être dressée d'après ses

(1) La vérité est qu'il résulte expressément du traité du 15 septembre 1841 que M. Th. Lechevalier *n'avait droit* qu'à 22,500 fr. Tout ce qui lui a été payé en plus, l'a été gracieusement, sans obligation aucune. M. Th. Lechevalier l'a positivement reconnu dans une lettre qu'il m'écrivait le 26 janvier 1842.

instructions, ne contenir que les noms par elle indiqués? Il l'adressa à M. Lepelletier Duclary, président du conseil colonial de la Martinique, alors présent à Paris, en lui écrivant le 22 mars :

« Qu'il voulait bien lui donner des explications; mais qu'il ne se croyait pas obligé, et qu'il ne voulait pas être obligé d'en donner à d'autres. »

M. Lepelletier Duclary ne fut pas de l'avis de M. Th. Lechevalier, il pensa que des explications étaient dues aux délégués de la colonie.

Il était d'ailleurs dans l'impossibilité de vérifier les noms portés sur la liste, noms qui lui étaient pour la plupart inconnus; il s'empressa de me la remettre; en me priant de faire toutes les vérifications qui me paraîtraient nécessaires.

Ces vérifications n'ont pas été favorables à M. Th. Lechevalier. Et, j'ai compris alors pourquoi il avait communiqué la liste à M. Lepelletier Duclary; pourquoi il avait refusé de me la communiquer; pourquoi il aurait aimé à ne traiter qu'avec les conseils coloniaux et leurs questeurs; pourquoi le délégué, député de France, qui connaît son terrain, les hommes et les choses, était *incompatible* avec M. Th. Lechevalier.

J'ai décomposé la mystérieuse liste.

J'y ai trouvé *dix-sept* fonctionnaires publics, *huit* députés et *deux* pairs de France! Une trentaine d'hommes de lettres qui n'ont jamais écrit, et n'écriront jamais une ligne pour les colonies; 170 journaux de la capitale, des départements et de l'étranger avec lesquels *le Globe* s'échange... Dans l'intérêt du *Globe* (propriété de M. Th. Lechevalier), et non dans l'intérêt des colonies.

Les théâtres auxquels le *Globe* est fourni gratuitement, pour que les théâtres envoient des loges et des billets à MM. Th. Lechevalier et Granier de Cassagnac. Enfin 300 noms qui me sont complétement inconnus.

M. Th. Lechevalier affirme qu'ils reçoivent le *Globe*: cela peut être...; mais cela ne m'a pas été justifié.

Qu'ils le reçoivent gratuitement, cela peut être encore ; mais cela ne m'a pas été justifié.

Le traité du 30 juin 1841 voulait d'ailleurs que le journal fût adressé aux Pairs de France, aux Députés, aux fonctionnaires publics et non à des inconnus.

Telle est la liste que j'ai conservée, et qui porte la signature Th. Lechevalier.

Je n'ai pas besoin de dire que j'ai refusé d'y mettre *mon approbation*.

C'est alors que la colère de M. Th. Lechevalier n'a plus connu de bornes; les attaques que j'ai signalées n'étaient que des préludes.

Il a fait une charge *à fond* dans ses numéros des 17 juillet, 1er, 2, 4 et 6 août.

« Ma position a été vraiment singulière durant mon élection : MM. Isambert et Bissette n'ont cessé de me poursuivre : M. Isambert par sa correspondance, comme secrétaire du comité électoral de la gauche ; M. Bissette par trois pamphlets distribués aux principaux électeurs des deux arrondissements de Rennes. Dans son troisième pamphlet, qui contenait une lettre de M. Isambert contre moi, M. Bissette annonçait, comme le *Globe*, que je n'avais pas été réélu.

Et, je serais embarrassé, si j'avais à dire qui de MM. Th. Lechevalier, Granier de Cassagnac (1), Bis-

(1) M. Granier de Cassagnac, non content de servir de second

sette ou Isambert, a combattu avec le plus d'acharnement, et a vu mon élection avec le plus de déplaisir !

Les deux amis m'ont grossièrement insulté dans les numéros du *Globe* du 17 juillet; ils n'ont point osé me nommer, mais ils m'ont désigné d'une façon si transparante, que j'ai bien été forcé de me reconnaître, et que tout le monde m'a reconnu.

En effet, le *Globe* rapportait un *fac simile* d'engagements électoraux qu'un journal de Rennes, *l'Auxiliaire breton*, m'avait faussement attribué.... omettant méchamment le désaveu que j'avais adressé à *l'Auxiliaire*.

Le *Globe* s'est évertué à plaisir contre ces engagements prétendus, disant « que les candidats qui les avaient signés, avaient laissé sur place, pour prix de ce qu'ils avaient eu l'indigne courage de prendre, leur intelligence, leur conscience et leur dignité. Politiquement, ils se sont déshonorés, rien que cela ! »

Le *Globe* terminait ainsi son article : « Si l'engagement, dont le texte est tellement précis qu'il nous épouvante, a été réellement consenti et signé, la chambre est tenue d'honneur à ouvrir une enquête et à chasser

dans *le Globe* à son ami Th. Lechevalier, le *banqueroutier*; c'est ainsi qu'il l'appelait dans ses lettres des États-Unis, dénonçait, dans sa correspondance, les délégués de la Guadeloupe, MM. le comte de Chazelles et Desmirail, hommes de cœur et de talent, et les délégués des autres colonies, nous représentant tous comme des fainéants, *se chauffant le tibia devant un bon feu qui flambe*, tandis que lui (M. Granier de Cassagnac) sauvait les colonies !

On peut lire cette gasconnade dans une lettre du 10 novembre 1841, de M. de Cassagnac à M. Bouvet, rédacteur du *Courrier de la Guadeloupe*. (Voir *le National* du 19 avril.)

de son sein les hommes qui auraient violé avec tant d'impudence les premiers principes de notre constitution.»

Quoique le *Globe* n'ait aucun crédit dans le monde politique, son article contre moi n'en a pas moins causé une certaine émotion, non pour les injures. mais pour le fait, qu'il m'imputait d'avoir *consenti* et *signé* un engagement dont il citait le texte, le *fac simile.*

Plusieurs collègues m'ont engagé à donner un démenti au *Globe*, et à publier les lettres que j'avais écrites pendant les élections et qui contenaient les seuls *engagements électoraux* que j'aie jamais pris.

« J'ai suivi leur conseil, et j'ai fait distribuer ces lettres aux deux chambres avec la préface suivante :

« Un journal ministériel, le *Globe*, s'est permis à mon égard d'injurieuses personnalités : l'injure est pour ce journal une habitude, un métier.

« Je n'y aurais pas pris garde, s'il n'eût rapporté d'une manière inexacte, présenté sous un jour odieux mes déclarations et engagements électoraux.

« Afin que mes collègues connaissent la vérité, je leur fais distribuer les lettres que j'ai adressées aux électeurs de l'arrondissement de Rennes. »

Le *Globe* a feint de croire que je l'avais provoqué sans motifs, et a publié dans ses numéros des 1er, 2, 4, et 6 août, une série d'articles où il entasse mensonges et diffamations dans un style renouvelé du père Duchesne (1).

(1) En d'autres temps, et lorsque je n'avais point eu de mémoires à régler, M. Th. Lechevalier voulait bien me reconnaître quelque zèle pour les colonies.

Le 27 juin 1841, il m'écrivait de Saint-Pierre-Martinique :

« On est ici très content de vous; votre position va sans cesse

J'ai répondu les trois lettres suivantes.

Je les ai adressées à un journal, sur le refus du *Globe* de les insérer, au mépris des lois des 25 mars 1822, 9 septembre 1835, et je les ai fait distribuer aux Créoles présents à Paris.

LETTRE DU 1er AOUT.

A M. le Rédacteur du Globe.

Monsieur le Rédacteur,

Vous demandez où sont les *injurieuses personnalités* que je vous reproche?

Vous le savez mieux que personne.

Dans votre numéro du 17 juillet.

Vous ne m'aviez pas nommé!

Je suis touché de votre discrétion; mais, comme vous aviez pris soin de citer textuellement mes *prétendus* engagements copiés dans un journal de province (l'*Auxiliaire breton*), il eût été difficile de ne pas me reconnaître.

Vous trouvez mauvais que, délégué d'une colonie, *j'abjure* et *je renie le Globe*, journal dévoué aux colonies! C'est vous, Monsieur, qui avez *abjuré* et *renié* la cause coloniale du jour où les colonies n'ont pu satisfaire votre insatiable exigence.

Et cependant *votre journal vertueux et indépendant*

s'améliorant. Je me recommande à vous; tâchez de me sauver du naufrage, etc. »

Le 11 septembre 1841, il m'écrivait de Paris :

« La Martinique est on ne peut pas plus contente du choix qu'elle a fait de vous pour son représentant en France; ici, de leur côté, les colons n'ont que des éloges à vous donner à raison de votre activité et de votre intelligence de leurs affaires, etc. »

avait reçu d'elles, en 9 mois (du 15 août 1841 au 15 mai 1842) 75,000 fr. Les colonies ont vos quittances.

Je vous requiers d'insérer ma lettre dans votre prochain numéro.

A. Jollivet.

LETTRE DU 4 AOUT.

A M. le Rédacteur du Globe.

Monsieur le Rédacteur,

Je lis dans votre numéro du 4 août, que votre gérant m'a répondu la lettre suivante :

« Monsieur, vous parlez dans une lettre sans date d'une somme de 75,000 fr., que le journal *le Globe* a reçue, dites-vous, des colonies, du 15 août 1841 au 15 mai 1842 ; vous savez mieux que personne, Monsieur, que *le Globe* n'a été constitué, comme il l'est aujourd'hui, que le 15 septembre 1841, et à quelles conditions il a été constitué.

« Mieux que personne vous devez donc savoir que votre lettre ne dit pas la vérité. »

Vous trompez vos lecteurs, Monsieur, en supposant une lettre que vous n'avez point écrite, ou que du moins vous n'avez pas osé m'adresser.

Non, Monsieur, vous n'avez pas osé m'écrire *que ma lettre ne disait pas la vérité.* »

Vous n'avez pas osé m'écrire que vous n'aviez pas reçu 75,000 fr., dans 9 mois, du 15 août 1841 au 15 mai 1842.

Le 15 août 1841, vous étiez, dites-vous, à bord du

navire *l'Atlantique*, en plein Atlantique ; comment donc auriez-vous reçu, le 15 août, les 75,000 fr. ?

Vous les avez reçus depuis votre retour en France, à partir du 15 septembre 1841, chaque mois, exactement et par avance.

Votre dernière quittance est du 15 avril.

N'imputez qu'à vous, Monsieur, la nécessité où vous m'avez mis de faire connaître que vos colères et vos injures ont pour unique cause une question d'argent, et que vous avez déserté les colonies le jour où elles ont cessé leurs subventions.

Si vous avez cessé de les recevoir, ne l'imputez qu'à vous.

Votre journal a la malheureuse habitude d'attaquer tout ce que les Chambres et la presse renferment d'hommes honorables.

Les délégués ont blâmé ce système d'injures et de diffamations, et vous ont, à diverses reprises, conseillé d'y renoncer.

Vous avez apparemment trouvé votre profit à persévérer dans une spécialité qui vous distingue des autres journaux ministériels, et vous n'avez pas tenu compte de nos conseils.

Nous avons dû dès lors décliner une solidarité qui aurait été funeste aux colonies que nous représentons.

Je vous requiers, Monsieur, d'insérer ma lettre dans votre prochain numéro.

A. Jollivet.

LETTRE DU 6 AOUT.

A M. le Rédacteur du Globe.

Monsieur le Rédacteur,

Ce n'est pas moi qui vous ai attaqué, ce n'est pas moi qui ai voulu mettre le public dans la confidence des affaires des colonies.

C'est vous qui avez publié une lettre que vous avez dénaturée par vos insinuations et vos commentaires.

C'est vous qui, en la publiant, avez voulu compromettre un homme que vous avez eu soin d'indiquer par une initiale, pour le dégoûter de défendre une cause à qui vous devez tant et que vous trahissez.

Dans votre numéro du 4 août, vous supposiez une lettre que vous ne m'aviez pas écrite.

Aujourd'hui, j'en suis convaincu (et dans deux mois j'en aurai la preuve), vous supposez une lettre que n'a jamais reçue le membre influent du conseil colonial de la Martinique, à qui vous prétendez l'avoir adressée.

Cependant, je ne serais pas surpris que vous eussiez engagé le conseil colonial à ne pas élire un *candidat européen*. Un délégué, qui connaît la France et Paris, peut être parfois un surveillant incommode.

Si on lui présente une liste portant 500 noms, auxquels on dit avoir fourni le journal.... le délégué européen peut s'enquérir, et, quand le résultat de son enquête n'est pas favorable, refuser son approbation.

C'est là ce qu'il a fait, Monsieur, à votre grand déplaisir.

Il n'a pas voulu souscrire un nouvel impôt de 20,000 f., dont vous auriez frappé la colonie qu'il représente; 20,000 fr. que vous entendiez percevoir, sans préjudice des 75,000 fr. reçus par vous dans neuf mois.

Il n'a pas voulu vous autoriser à recevoir une seconde fois (à titre de gratification), une somme de 16,000 fr. que le président du conseil colonial de la Martinique vous avait déjà payée.

Je comprends que vous ne trouviez pas ces *détails* de votre goût, et que vous vous efforciez de les cacher à vos lecteurs, en refusant, au mépris de la loi, l'insertion de mes lettres.

Si la cause coloniale souffrait de la publicité de vos attaques et de ma défense, vous seul auriez à en répondre.

Mais elle n'en souffrira pas; on saura que les colonies vous ont traité généreusement, et que vous les avez payées d'ingratitude.

On saura que vos injures et vos colères avaient l'argent pour unique cause;

Que vos exigences pécuniaires ont été si loin, que les colonies n'ont pu les satisfaire, et que vous les avez désertées le jour où elles ont discontinué leurs subventions. Elles s'en consoleront. J'ajouterai même qu'elles auront à se féliciter de n'avoir plus de rapports avec vous.

On a pu croire qu'elles autorisaient ce système d'agression qui a soulevé contre votre journal tant de justes ressentiments.

On saura maintenant que les colonies l'ont toujours

blâmé, que vous y avez persisté malgré leurs conseils, et qu'elles n'auraient jamais dû en partager la responsabilité.

Je vous requiers, Monsieur, d'insérer ma lettre dans votre prochain numéro.

A. JOLLIVET.

Voilà l'historique de mes relations avec le *Globe*. Mes efforts inutiles, pour le maintenir dans la voie coloniale, ses infidélités nombreuses, et, en dernière analyse, sa trahison.

Elle vient de se consommer.

On assure que M. Th. Lechevalier a vendu à M. Guizot ou à des prête-noms, moyennant 86,000 fr., le *Globe* qu'il avait acheté 1,000 fr.

Déjà M. Th. Lechevalier l'avait vendu une première fois, il y a environ six mois, 100,000 fr., sur lesquels il avait touché 25,000 en lettres de change acceptées par deux personnes solvables.

Les 75,000 fr. restant dus, et n'ayant pas été payés, M. Th. Lechevalier est rentré dans la propriété du *Globe*; et comme il n'était pas tenu de restituer l'à-compte, il sera permis de croire qu'il l'a gardé.

Ajoutant aux	105,695 fr.
1° les	86,000
2° les	25,000
On trouve un total de	216,695 fr.

que dans onze mois, M. Th. Lechevalier aurait reçus *directement* des colonies, ou *indirectement*, sur la vente d'un journal fondé avec l'argent des colonies.

Pour achever le tableau je dois dire que M. Th. Lechevalier m'a produit un compte dans lequel il porte au *doit* des colonies une somme de 1,000 fr. qu'il avait déboursée pour l'achat du journal le *Globe*, par acte authentique au rapport de Me Dreux.

Mettre au *doit* d'un tiers le prix d'achat d'un journal dont on se réserve la propriété, qu'on vend pour son propre compte, une première fois, 100,000 fr.; une seconde fois, 86,000 fr., est un véritable tour de force en matière de comptabilité.

M. Th. Lechevalier nous en réservait un autre, non moins surprenant, mais qui, je l'espère sera le dernier.

M. Lepelletier Duclary a avancé à M. Th. Lechevalier, en septembre 1841, 16,200 fr. qui avaient été votés au *Globe* par le conseil colonial de la Martinique.

M. Th. Lechevalier a obtenu de M. le ministre de la marine et de son protégé électoral, M. Lacoudraie, l'ordonnancement des 16,200 fr. Il a ainsi reçu une seconde fois la somme qu'il avait reçue une première, et lorsque je l'ai fait réclamer, voici quelle a été, m'a-t-on assuré, sa cynique réponse : Si j'ai touché deux fois, tant mieux pour moi : *bis repetita placent.*

J'ai fini avec M. Th. Lechevalier, et je souhaite que les colonies en finissent avec lui pour toujours.

Son journal nous a créé de nombreux ennemis dans les chambres et dans la presse. Il a compromis la cause coloniale ; les colonies se perdraient si elles continuaient à se servir d'un organe aussi décrié.

Elles n'ont point à craindre que M. Th. Lechevalier insulte de nouveau, comme en 1831, *les colons insen-*

sés, les aristocrates de la peau; qu'il dévoile *les iniquités du système colonial.* (1)

Tout ce qu'on a pu dire contre les colonies a été dit, toutes les calomnies sont épuisées; et dans la bouche d'un homme, qui, pendant des années a vécu de leurs bienfaits, elles n'inspireraient que mépris et dégoût.

(1) « Je suis né à la Martinique, disait M. Th. Lechevalier, dans sa publication de 1831, et je connais la justice coloniale.

« Je connais ces *colons insensés,* qui ne se doutent pas qu'enfin un *homme juste et généreux* dévoilera *les iniquités qui sont la base de leur système.*

« Je me rappelle que dînant un jour sur une habitation, on annonça que trois malheureux, accusés d'avoir voulu assassiner un de ces *nobles colons,* avaient été arrêtés, et que l'information avait totalement prouvé leur innocence. *C'est égal,* dit un des convives, on aurait *dû pendre un innocent* pour l'exemple.

« Cet homme avait une idée exacte de la manière dont *la faction coloniale entend la justice.*

www.ingramcontent.com/pod-product-compliance
Lightning Source LLC
LaVergne TN
LVHW010404240826
846091LV00019B/2710

* 9 7 8 2 0 1 1 7 8 3 8 6 8 *